# ORGANIZA UN TALLER PRODUCTIVO

Las etapas claves para aprovechar al máximo tu taller

Por Maïlys Charlier
Traducido por Laura Soler Pinson

Coaching 50MINUTOS.es

# ORGANIZA UN TALLER PRODUCTIVO

- **¿Problemática?** ¿Cómo preparo un taller y logro mis objetivos en unos pasos?
- **¿Utilidad?** La dinámica colectiva permite un mejor aprendizaje y estimula la creatividad de los individuos.
- **¿Contexto profesional?** Formaciones, iniciaciones profesionales, construcción de equipos, reorientación profesional, trabajo en equipo.
- **¿Preguntas frecuentes?**
  - ¿Cuáles son las reglas de oro de un taller eficaz?
  - ¿Cómo selecciono a los participantes?
  - ¿Cómo organizo un taller de varios días?
  - ¿Cómo mantengo la motivación de los participantes durante todo el evento?
  - ¿Cómo gestiono los imprevistos que surgen durante el taller?
  - ¿Qué importancia reviste la reunión posterior?
  - ¿Qué cualidades debo tener para ser un buen

organizador?
- ◦ ¿Qué aspectos técnicos debo tener en cuenta?

Probablemente ya habrás escuchado la palabra *workshop*, pero ¿a qué se refiere? Quizás su definición te parezca todavía un poco difusa. ¿Se trata de una nueva tienda? Pues no, es un taller de trabajo donde varios especialistas y aficionados se reúnen e interactúan en torno a un tema determinado y predefinido. En un momento en el que la gestión de proyectos y de equipo se desarrolla de forma considerable en las empresas, el taller se erige como una herramienta imprescindible y muy útil.

¿Quieres que tu equipo profesional se forme en las nuevas tecnologías? ¿Deseas actualizar tus competencias en las redes sociales? ¿Homogeneizar la estrategia de márquetin de tu empresa? El taller te puede ayudar a alcanzar nuevos objetivos. En efecto, esta reunión interactiva favorece el intercambio de ideas entre expertos y gente no iniciada. Basta con escoger un tema, convocar a las personas adecuadas y empezar con la dinámica. ¿Hay algo mejor para aprender de una especialidad que compartir ideas con profesionales?

¡Aprende desde ya mismo a diseñar y a organizar un taller eficaz gracias a las claves de éxito que encontrarás en esta guía!

# EL ABECÉ DE LA ORGANIZACIÓN DE UN TALLER

## LO QUE DEBES SABER

### ¿Con qué objetivo organizo un taller?

Son muchos los beneficios de un taller:

- informar a personas y divulgar conocimientos;
- adquirir nuevas competencias;
- desarrollar la creatividad;
- innovar;
- pero también resolver problemas específicos.

Dentro de una empresa, se puede organizar un taller para encontrar una solución a un problema recurrente de una forma mucho más sencilla o para diseñar una nueva manera de trabajar. Por ejemplo, si queremos redefinir la estrategia de la página web de una empresa, todas las partes de la empresa relacionadas con esta área (informáticos, analistas, *community manager*, responsable de comunicación, etc.) podrían reunirse en un taller. Entonces, este tendría una doble función: reforzar el sentimiento de pertenecer al equipo y motivar a los empleados.

## Instaurar una «burbuja de trabajo»

La dinámica de grupo es uno de los puntos básicos de un buen taller, ya que de ella depende la cohesión del equipo y el éxito del proyecto. Tal y como destacan los especialistas en gestión Anca Metiu y Nancy P. Rothbard en un estudio publicado en 2012 titulado «Task Bubbles, Artifacts, Shared Emotion, and Mutual Focus of Attention: A Comparative Study of The Microprocesses of Group Engagement», un taller será más eficaz y productivo si se crea una burbuja de trabajo. Estos dos autores demuestran que la resolución de los problemas surge después de una interacción «dentro de pequeños grupos efímeros» en los que «varios factores favorecen una gran concentración colectiva»[1].

Esta burbuja de trabajo permite que el grupo se mantenga unido y no se deje influir por factores

---

1. Cita traducida por 50Minutos.es

externos. Los participantes, que por lo general se reúnen en equipos pequeños, aprenderán más rápidamente gracias a la dinámica de grupo; la información se asimilará más fácilmente, y eso permitirá que crezca la motivación y la creatividad de cada uno. Durante tu taller, intenta multiplicar las interacciones y estimular la colaboración entre los participantes para crear esta burbuja.

## Los actores fundamentales

Para que funcione tu taller, también hay que apelar a expertos que compartirán su experiencia y su destreza. Tiene que haber un animador para coordinar todas las actividades, para fijar un marco para los participantes y para apoyar a los expertos. Por lo general, para los talleres de corta duración (unas horas), el organizador también desempeña el papel de animador. Él se encarga de la programación y anuncia el final de la sesión. Si el taller dura más de una jornada, es fundamental que contemos con una ayuda suplementaria que sea, preferentemente, un especialista en comunicación. Esta segunda persona se ocupará de los participantes y del aspecto logístico para dejar que el organizador y/o animador prepare las sesiones de trabajo.

## ¿Corto o largo?

Según las necesidades y los objetivos, la duración del taller puede variar de unas horas a una o varias jornadas.

- Cuanto más corto sea el taller, más preparado(s) y atento(s) tendrá(n) que estar el animador y/o el organizador para crear esa burbuja de trabajo, fundamental para que el taller culmine con éxito.
- Cuanto más largo sea el taller, más en profundidad se tratará el tema abordado. Esto también propicia que los participantes tengan más tiempo para conocerse, intercambiar ideas y plantear sus preguntas a los expertos. Obviamente, si el taller dura varios días, se necesitarán pausas para que las sesiones de trabajo no sean demasiado intensas.

**LO QUE HAY QUE EVITAR**

Para evitar que se instale un mal ambiente en el grupo, el organizador se afanará por mantener una dinámica global positiva. En efecto, si algunos participantes no se sienten motivados o tienen miedo de intercambiar sus ideas, el efecto negativo podría repercutir en el conjunto de individuos.

## La teoría de las 7P

La teoría de las 7P, elaborada por James Macanufo, uno de los autores del famoso libro *Gamestorming*, permite identificar los elementos esenciales de un taller.

- *Purpose* **(propósito):** ¿cuál es el propósito del taller? ¿Por qué se organiza?
- *People* **(personas):** ¿quién participará? ¿Quién es el público meta? ¿Cuál es el papel de cada persona interesada?
- *Product* **(producto):** ¿cuáles serán los beneficios?
- *Process* **(proceso):** ¿qué actividades están previstas? ¿Cuál es la programación del taller?
- *Preparation* **(preparación):** ¿los participantes deben hacer un trabajo de preparación? ¿Hay que proporcionar documentos para ello?
- *Practical concerns* **(preocupaciones prácti-**

**cas):** ¿qué hay que prever desde un punto de vista logístico? ¿Hay que reservar salas? ¿Hay que preparar un servicio de cáterin?
- *Pitfalls* **(problemas):** ¿cuáles son los riesgos? ¿Cómo los gestiono o los evito?

## <u>CÓMO CONVERTIRSE EN UN BUEN ORGANIZADOR</u>

Para gestionar mejor tu taller:

- haz gala de diplomacia para resolver mejor las peticiones y exigencias de cada uno. Intenta encontrar acuerdos para neutralizar los conflictos;
- anticípate a todas las situaciones o a los posibles problemas. Esto evitará que no tengas soluciones si se producen imprevistos;
- mantén el entusiasmo para transmitir tu motivación a los participantes y favorecer el ambiente productivo del taller;
- comunica, ya que tienes en tu poder toda la información. Es importante que no te olvides de nada y que proporciones todos los elementos a los participantes y a los expertos;

- resiste al estrés, ya que esto te ayudará a gestionar mejor los posibles conflictos o imprevistos;

> «Durante la organización de un taller, surgen las preguntas y los problemas. Debemos ser capaces de resistir al estrés para gestionar la situación y proponer soluciones rápidamente» (Aurélie, organizadora de eventos).

- muestra empatía, ya que esto tendrá un impacto en el humor de los participantes;
- sé dinámico y esto despertará un buen ambiente y una motivación constante en los grupos de trabajo;
- sé polivalente. Tú mismo tendrás que llevar a cabo toda una serie de tareas (conectar el proyector, imprimir documentos, acomodar la sala, pedir los taxis, preparar los cafés, etc.). Saber hacer de todo será una gran ventaja.

# LAS DISTINTAS ETAPAS QUE DEBES SEGUIR

## La preparación

- **Elaborar una lista de tareas**. Anota en ella cada fase de preparación y los elementos que la componen. Te servirá como hoja de ruta a medida que avance la organización del taller.
- **Dar un título claro y atractivo** al taller en cuanto se decida el tema para que todo el mundo entienda de qué se trata. Por ejemplo: lanza tu empresa emergente. Rediseña la estrategia de la página web de tu empresa. Saca el mayor rendimiento posible a tu plan de márquetin. Aprende a utilizar las redes sociales para dar una mayor visibilidad a tu empresa. Si tu título es difuso, la gente dudará en inscribirse.
- **Definir los objetivos.** Determina qué capacidades o competencias quieres que los participantes desarrollen. Por ejemplo: dominar el uso de las redes sociales, saber establecer un plan de márquetin, etc. Una vez que se han fijado los objetivos, sabrás hacia qué dirección debes orientar tu taller y, sobre todo, evitarás

que interfieran en las ponencias asuntos que son ajenos a la temática.

- **Elegir e invitar a los expertos,** profesores o profesionales que serán los más aptos para responder a las problemáticas y a las expectativas de los participantes. Por ejemplo, invita a un «Mark Zuckerberg» a un taller sobre el lanzamiento de su empresa emergente, pide a especialistas del *social networking* que vengan a exponer sus secretos durante un taller sobre redes sociales, propón a varios expertos en márquetin que acudan a un taller sobre la optimización de la estrategia de márquetin de una empresa, etc. Es importante que establezcas un marco bien definido a estos expertos y que los informes debidamente para que entiendan los temas que se tratan. Por otra parte, es fundamental que mantengas una buena comunicación con ellos, ya sea por el aspecto material (proyector, equipo informático, documentos que imprimir, etc.) o por el logístico (transporte, hotel, comida, programación, etc.).
- **Seleccionar a los participantes**. En efecto, debes asegurarte de que los participantes del taller muestran buena voluntad. Pide

una carta de presentación y, eventualmente, convócalos más adelante para una entrevista y quédate con los candidatos más motivados. Es importante que abras las inscripciones con tiempo suficiente —no te olvides de notificar a los candidatos las modalidades y los plazos para pagar— para tener bastantes candidatos el día D. Cuenta con un poco más de tiempo para recibir los pagos de todo el mundo.

- **Escoger la fecha y el lugar.** Antes de fijar un día, comprueba previamente que no se desarrollan otros acontecimientos al mismo tiempo y evita los periodos poco prácticos, como el inicio del año académico, el día anterior a días festivos, las vacaciones escolares, etc. Avisa de la fecha con tiempo suficiente a cada uno de los participantes para asegurarte de que estén disponibles. Es mejor que ofrezcas un taller durante la semana, ya que, por lo general, el fin de semana se reserva para la vida personal. Además, piensa en organizar tu taller en temporada baja, ya que habrá más salas y hoteles libres y serán más baratos. En cuanto al lugar, es importante que obtengas una sala adaptada a la logística (proyector, acceso a internet, comodidad, posibilidad de instalar un servicio de cáterin, aseos, etc.). La categoría de la sala varía en función de la importancia del taller. No obstante, tiene que haber un mínimo de comodidad para que se desarrolle adecuadamente. Para acabar, cuando selecciones el lugar, también debes tener en cuenta la facilidad de acceso. Decídete por un emplazamiento que esté situado cerca de una estación o de un aeropuerto.

> «Para uno de los talleres que organizo, no habíamos tenido tiempo de ir a comprobar el lugar. Cuando llegamos, nos dimos cuenta de que la sala que se encontraba al lado de la nuestra estaba de obras. Era imposible concentrarse y trabajar eficazmente con todo el ruido que había» (Céline, jefa de proyecto).

## LO QUE HAY QUE SEÑALAR

La organización de un taller difiere si estamos trabajando a través de un contrato público en el que los procedimientos son más complicados. Los métodos de trabajo son ligeramente distintos, ya que toda acción debe contar con la aprobación de la jerarquía. Por lo tanto, antes de continuar con la preparación del taller, debes prever más tiempo para obtener los acuerdos necesarios y la aprobación del presupuesto.

- **Establecer una programación precisa** (esta etapa es todavía más importante si el taller dura varios días). Aquí, el objetivo es determinar cuánto durará el taller, cuál será la duración de las sesiones de trabajo, de los ejercicios, de las pausas, etc. Mantén una cierta flexibilidad para poder acortar o alargar una sesión si fuera necesario. El tema del taller debe dividirse en varias fases para conservar la atención de los participantes: demasiada información y sesiones demasiado largas harán que estos pierdan su productividad y su motivación. No dejes cabos sueltos y piensa también en las horas en las que los partici-pantes estarán más atentos; por ejemplo, resultará inútil que abordes el núcleo del tema antes de la pausa para comer o cuando está acabando la jornada. Una programación bien pensada te ofrecerá una buena panorámica de las actividades y, a continuación, te ayudará a comprobar el buen desarrollo del taller día a día. No dudes en enviar la programación a los oradores y a los expertos para que le den su aprobación. Siempre será bienvenido un punto de vista externo para identificar los posibles conflictos de agenda o las incompatibilidades.

«Durante el último taller que organicé, me di cuenta de que había un problema en la programación al comprobar por última vez la hoja de ruta de la jornada. Uno de los expertos no llegaba hasta mediodía, pero su intervención estaba programada para las 10:00. Por suerte, eran las 8:00 y pudimos modificar rápidamente el horario y cambiar su ponencia por la sesión de trabajo de un experto que había llegado el día anterior» (Selmi, asistente de producción).

## El presupuesto

No descuides el aspecto financiero. Reunir a expertos y a participantes durante uno o varios días genera un coste. Calcula un presupuesto previo durante tu preparación para tener una estimación lo más exacta posible de los futuros gastos. Si el taller dura varios días, no dudes en volver a calcular tu presupuesto durante el evento y reajustarlo si fuera necesario.

A continuación, establece el orden de tus

prioridades. ¿Hace falta un hotel lujoso para el taller? ¿No es suficiente con un alojamiento más asequible? Reflexiona de la misma manera con respecto al servicio de cáterin: ¿los expertos y los participantes necesitan un menú gastronómico? Aunque es obvio que no hay que descuidar la calidad de las comidas, quizás no sean necesarios los establecimientos de cinco estrellas. Que no te sorprenda si algunos hoteles se niegan a bajar el importe de la factura. Entonces, intenta obtener otras ventajas: una comodidad extra, un servicio de lujo gratuito, los desayunos incluidos, etc.

## La organización técnica

La distribución de tu espacio será determinante para el buen desarrollo del taller. Si tienes un grupo grande que vas a dividir en subgrupos durante algunas sesiones, escoge una sala que se pueda repartir en varios espacios. No debes descuidar la comodidad, ya que contribuirá a que los participantes estén más concentrados y, por lo tanto, sean más proclives a intercambiar ideas.

También es importante que evalúes tus necesidades técnicas y que compruebes si la sala las cubre. ¿Hay un proyector? ¿Hay suficientes tomas para el ordenador portátil de cada uno si el taller así lo requiere? ¿Se puede adaptar la iluminación para una proyección? Cuando visites el lugar, elabora una lista con el material disponible allí y con el que tendrás que traer tú. Para acabar, no olvides tener en cuenta los deseos de los expertos y, sobre todo, comprobar la conexión a internet en cuanto llegues al lugar.

## Durante el taller

Si has organizado tu taller correctamente, ya solo te queda acomodar la sala y recibir a los participantes y a los expertos el día D. No obstante, ya que siempre pueden surgir pequeños imprevistos, acude al lugar con suficiente tiempo de antelación para reflexionar acerca de posibles cambios en la hoja de ruta. Coloca la programación a la vista de todos para que los participantes estén al tanto en cuanto lleguen de lo que les espera en las próximas horas o en los días siguientes. La acogida es fundamental para empezar con buen pie: sonríe y da la bienvenida a todo el mundo con entusiasmo y buen humor.

Una vez que empieza el taller, es fundamental que el organizador no falle en su presentación. El animador y/u organizador tienen la obligación de guiar a cada uno para que no se quede ninguna pregunta en el aire. Ante todo, su función es garantizar que todo esté muy claro para todo el mundo. Animar un taller puede hacerse de varias formas, según sea corto o largo. Hoy en día, existen métodos modernos, como el *gamestorming*, una técnica que innova y que estimula la creatividad a través del juego. Quienes ponen a punto este ejercicio son Dave Gray, Sunni Brown y James Macanufo en el libro *Gamestorming*, publicado en 2010. Quizás prefieras el método de creatividad ASIT, que lleva a soluciones innovadoras o, incluso, los juegos de guerra en el mundo de los negocios, el mapa mental, la resolución de problemas de forma creativa, etc.



Los siguientes ejemplos de animación pueden aplicarse durante tu taller:

- **El Philips 66**: este ejercicio solo funciona en grupos grandes (al menos dieciocho personas). El animador forma varios grupos de seis en los que nombra a un «ponente». Los equipos debaten acerca de un tema durante seis minutos. A continuación, los ponentes cambian de grupo, resumen la conversación anterior y, de esta manera, vuelven a generar el debate en el nuevo círculo de participantes.

Una vez que ha acabado la primera ronda, se designa a nuevos ponentes y el juego vuelve a empezar. El objetivo del ejercicio es multiplicar los argumentos y poder cotejarlos con todos los participantes. Para los talleres menos importantes, la variante de este ejercicio es la «Bola de nieve», en el que los participantes se reparten en varias parejas. Un primer dúo debate acerca de una problemática y, a los diez minutos, se le suma uno nuevo, y así hasta que todos los dúos estén reagrupados.

* **La *quescussion***: este ejercicio, que se aplica de una forma muy sencilla, consiste en establecer una conversación solamente a través de preguntas. El objetivo no es responder a la pregunta, sino más bien aclarar las ideas de los participantes, permitirles que comprendan mejor los interrogantes y forzarlos a formular más adecuadamente sus ideas. Los individuos toman la palabra por turnos para que todos puedan expresarse.

## «¿A QUIÉN LE TOCA HABLAR?»

Para asegurarte de que cada participante cuenta con la oportunidad para manifestarse, es importante que regules el tiempo de palabra. No dudes en emplear técnicas como el «bastón de la palabra», la «mesa redonda» o «turno de palabra».

Durante el taller, no descuides los momentos de relajación. Prevé tentempiés y pausas durante el día para romper el ritmo de trabajo y para permitir que cada uno desconecte unos minutos. Esto también favorece las interacciones informales entre los participantes. Si el taller dura mucho (más de dos días), programa momentos de descanso fuera del lugar. Airearse y salir de la sala o del hotel será beneficioso a largo plazo. También puedes organizar actividades por la noche para reforzar los vínculos entre los participantes.

## La evaluación final

Al final del taller, no te olvides de distribuir un cuestionario de evaluación a todas las personas presentes. Estos *feedback* te ayudarán a determinar lo que debes mejorar. Centra tu cuestionario en la comprensión de los objetivos, la eficacia de las animaciones, el buen ambiente del taller, la organización y las distintas ponencias. Lo mejor es elegir un cuestionario tipo test (varias respuestas posibles que marcar). Esta evaluación, que no será ni demasiado larga ni demasiado compleja, también puede adoptar la forma de una reunión posterior para dar la palabra a los participantes y escuchar sus impresiones «en caliente». En efecto, este intercambio puede ser beneficioso para los participantes y para los organizadores. Sin embargo, algunos se sentirán más cómodos y se mostrarán más honestos con un cuestionario anónimo.

No debes esperar al final del taller para proceder a la evaluación. Durante su desarrollo, toma nota de los puntos que plantean problemas.

Una vez que tu taller termine, es importante informar a todos los participantes para confirmar el éxito y el buen desarrollo de este último: una palabra de agradecimiento, una foto de recuerdo, un acta con los resultados, etc.

# Cuestionario de satisfacción

|  | -- | -+ | + | ++ |
|---|---|---|---|---|
| Calidad de la bienvenida | | | | |
| Puesta a disposición de la información inicial (programación, etc.) | | | | |
| Calidad del material y de los locales | | | | |
| Ambiente del taller | | | | |
| Comprensión y tratamiento del tema | | | | |
| Animación del taller | | | | |
| Calidad de los ponentes | | | | |
| Calidad de la comida | | | | |

# LOS MEJORES CONSEJOS

- **Comprueba que todo el material funciona correctamente** antes del taller. Acude previamente al lugar (la víspera, si es necesario) para controlar este aspecto.
- **Vuelve a contactar a los participantes y a los expertos unos días o unas semanas antes** para garantizar la presencia de todo el mundo y para evitar las sorpresas desagradables ya el primer día.
- **Prepárate para cualquier situación.** Es evidente que todo no sucederá tal y como te lo habías imaginado. Espera imprevistos y anticípalos para poder reaccionar con rapidez y con eficacia en situación de crisis. Por ejemplo: intenta preguntar a cada uno si sigue un régimen alimenticio determinado o si tiene alergias. Esto te evitará un viaje al hospital en pleno taller.
- **No dudes en practicar** para estar seguro de que no te olvidas de nada durante las sesiones y de que muestras seguridad ante los participantes. Además, te sentirás más cómodo.

- **Prepara material técnico suplementario** o un plan B por si algún dispositivo se avería.
- **Acomoda la sala para favorecer la interacción entre los participantes,** en círculo o en U, por ejemplo, para que todo el mundo pueda verse e intercambiar ideas fácilmente.
- **Intenta mantener un buen ambiente dentro del grupo**. Por ejemplo, salpica tus discursos con algún comentario humorístico. Instaura una atmósfera relajada para que el grupo se sienta cómodo.
- **Varía los métodos durante una misma sesión de trabajo**. Alterna tema difícil y juego de rol para que los participantes conserven la concentración. Además, elige con cuidado las horas en las que programas los temas más arduos. Serán asimilados mejor hacia las 10:00 y las 15:00.

> «Utilizamos con frecuencia los juegos de rol para que los talleres se vuelvan más vivos, más lúdicos y más dinámicos. ¡Esto ayuda a la creatividad!» (Céline, jefa de proyecto).

- **No escatimes en la elaboración de soportes** (cuadros, gráficos, etc.) que ayudarán a que los participantes se centren en el tema evocado.

- **Anuncia el orden del día y la programación** para que esté bien visible para todos. Si se llevan a cabo ajustes durante el taller, indica claramente el nuevo programa; no bastará con un simple anuncio oral.
- **Propón actividades fuera del marco del taller:** un restaurante, una visita a mediodía, etc. Esto facilitará las interacciones y reforzará el vínculo entre los participantes, que entonces estarán más relajados.

### EL RINCÓN DEL EMPLEADOR

Para evitar la incomodidad del primer día y empezar con buen pie, asigna una identificación nominativa para cada uno. Todo el mundo sabrá con quién está hablando y los contactos serán más fáciles entre los participantes y los expertos.

# PREGUNTAS FRECUENTES

## ¿CUÁLES SON LAS REGLAS DE ORO PARA UN TALLER EFICAZ?

Cuando preparas un taller, debes tener en cuenta toda una serie de puntos, las 7P: definir el propósito (*Purpose*) y el público meta (*People*); preguntarte qué producto final (*Product*) buscas y cuál será el proceso (*Process*) que habrá que poner en marcha para lograrlo; afanarte en la preparación (*Preparation*) del taller, antes de preocuparse por la logística (*Practical concerns*); y séptima y última, qué problemas (*Pitfalls*) debes evitar.

Para estar seguro de que no te has olvidado de nada durante la preparación de tu taller, sigue las diez reglas esenciales para una buena organización de un evento de este tipo:

- fija los objetivos del taller. Pregúntate cuáles son los objetivos de este evento;
- define el público meta para poder seleccionar

a los participantes;
- encuentra un buen título para tu tema;
- invita a los expertos adecuados para el taller;
- escoge el lugar y la sala adaptados;
- fija una fecha y un horario y determina la duración del taller (uno o varios días);
- envía las invitaciones a los participantes y a los expertos con suficiente antelación;
- prepara tu presupuesto provisional;
- elabora una retroplanificación;
- organiza un brindis de bienvenida para que todo el mundo pueda aprender a conocerse mejor.

## Lo que hay que evitar

No dejes las cosas para el último momento, ya que un taller productivo lleva mucho trabajo. Cuanto más tardemos en ponernos a organizarlo, más nos exponemos a problemas y menos podremos elegir entre lugar, expertos, material técnico, etc. Algunos expertos están tan solicitados que su agenda está cerrada con meses de antelación. Por lo tanto, es preferible que empieces enviando las invitaciones. A continuación, reserva el lugar para no organizar «en el aire».

## ¿CÓMO SELECCIONO A LOS PARTICIPANTES?

Se seleccionará a los participantes en función del tipo de taller y de los objetivos fijados por el organizador, pero también según su motivación. Para que un taller sea productivo, hace falta que las personas presentes estén lo bastante decididas y tengan ganas de avanzar junto con las otras. Efectúa una selección basándote en candidaturas. Lo mejor es pedir una carta de presentación para poder determinar si el futuro participante corresponde al perfil del taller y si sus motivaciones son lo suficientemente importantes. A continuación, lleva a cabo una entrevista personal para asegurarte de que el candidato tiene su lugar en el taller. Para que se instale una buena dinámica de grupo, el número de participantes debe limitarse a una decena de personas como mucho (o en varios subgrupos de diez personas, como máximo).

## ¿CÓMO ORGANIZO UN TALLER DE VARIOS DÍAS?

Durante un taller largo (uno o varios días), más

vale que se varíen los enfoques del tema para que nadie se canse. Esto también permitirá que todo el mundo comprenda mejor el asunto. Cuanto más largo sea el taller, más margen habrá que planear en la programación. No planifiques jornadas demasiado largas al principio y al final del taller para dosificar a los participantes y a los expertos y para favorecer un buen desarrollo durante las sesiones. Organiza una reunión cada mañana con el animador y con los expertos para no olvidarte de nada.

## ¿CÓMO MANTENGO LA MOTI-VACIÓN DE LOS PARTICIPANTES DURANTE TODO EL EVENTO?

La regla principal para mantener la motivación de los grupos de trabajo es mostrarse entusiasta y dinámico. A continuación, aborda los temas difíciles a horas que resulten más propicias para la concentración (10:00 y 15:00). No olvides establecer suficientes pausas para dejar que los participantes se despejen. Ingéniatelas para que el ambiente sea bueno con el objetivo de que la motivación y el buen humor se contagien.

## ¿CÓMO GESTIONO LOS IMPREVISTOS QUE SURGEN DURANTE EL TALLER?

Se trata de anticipar al máximo. Durante la preparación, piensa en los riesgos y en los problemas que pueden surgir y, por consiguiente, prevé soluciones. Cuanto más preparado estés, más fácil te resultará gestionar los imprevistos. Piensa que, durante el taller, probablemente no tendrás ni el tiempo ni la perspectiva suficiente para encontrar la solución adecuada. Otra forma de disminuir los riesgos es llevar a cabo un ensayo general antes del taller en el lugar donde se vaya a desarrollar, si es posible. Así, lograrás identificar lo que no funciona. Tómate tu tiempo para probar el material con antelación para evitar los problemas técnicos.

## ¿QUÉ IMPORTANCIA REVISTE LA REUNIÓN POSTERIOR?

La reunión posterior permite recopilar las impresiones y facilita la interacción entre los participantes del taller. Sin embargo, no basta con una reunión para llegar al fondo de las cuestiones. Se puede distribuir un cuestionario de evaluación a las personas presentes al final del taller para recoger rigurosamente los puntos positivos y negativos.

## ¿QUÉ CUALIDADES DEBO TENER PARA SER UN BUEN ORGANIZADOR?

Para que tu taller tenga éxito, varias competencias resultan ser muy útiles: ser diplomático, poder anticipar los problemas, ser entusiasta, saber comunicar y resistir al estrés, demostrar empatía, ser dinámico y polivalente.

## ¿QUÉ ASPECTOS TÉCNICOS DEBO TENER EN CUENTA?

La elección del lugar y de la(s) sala(s) que albergará(n) el taller es fundamental. Comprueba que la sala tiene un proyector y una pizarra. A continuación, elabora una lista de material técnico que tendrás que aportar. Hazte las buenas preguntas: ¿la sala tiene acceso para personas con movilidad reducida? ¿Se puede llegar fácilmente en transporte? ¿Puede ajustarse en función de las actividades previstas?

# ¡AHORA ES TU TURNO!

## LA LISTA DE TAREAS

Para que no te olvides de nada durante la elaboración de tu lista de tareas, imagina cada etapa del taller, lo que necesitarás en cada situación y los esfuerzos y las tareas que habrá que llevar a cabo para lograr ponerlo todo en marcha. Hazte las preguntas correctas y no descuides ningún aspecto:

- **Preparación**: ¿cuál es el tema? ¿Cuál es el objetivo del taller? ¿A quién invito? ¿Cuándo cierro la inscripción de los participantes? ¿Dónde organizo el taller? ¿Cuánto durará?
- **Bienvenida**: ¿qué necesito (logística, documentación, técnica) para acoger a los participantes y a los ponentes? ¿Hay que alojarlos? ¿Hay que ir a buscarlos a la estación/al aeropuerto? ¿Cuándo llegarás a la sala?
- **Animación**: ¿quién anima el taller? ¿Qué horario tendrán las sesiones de trabajo? ¿A qué expertos invito? ¿Qué necesito (logística, documentación, material técnico)? ¿Cuál es la

programación del día? ¿Hay que organizar una salida/un restaurante por la noche?
- **Comunicación**: ¿cuándo envío las invitaciones? ¿Hay que hacer publicidad? ¿Tengo que lanzar una página web para el acontecimiento? ¿Quién se encarga de ella?

## Ejemplo de lista de tareas

|  | -- | -+ | + | ++ |
|---|---|---|---|---|
| Conocimientos y competencias adquiridas |  |  |  |  |
| En tu opinión, ¿cuáles son los puntos principales que hay que mejorar? |  |  |  |  |

| | |
|---|---|
| -- | Nada satisfecho |
| -+ | Satisfecho |
| + | Bien |
| ++ | Muy bien |



En paralelo a tu lista de tareas, anota el coste

de cada etapa, de cada tarea, de cada reserva para elaborar tu presupuesto provisional. Piensa igualmente en deducir el importe de la inscripción que has pedido a los participantes.

## LA RETROPLANIFICACIÓN

Para elaborar tu retroplanificación, revisa cada tarea que debes llevar a cabo y, partiendo de la fecha final del proyecto, remóntate en el tiempo para determinar cuándo debe estar acabada dicha tarea como muy tarde. Ayúdate de una tabla —Excel, preferentemente— para visualizar bien las fechas límite de cada una.

# Ejemplo de retroplanificación

## Aspecto logístico

☐ Calcular el presupuesto provisional

☐ Comprobar el material disponible

☐ Preguntar a los ponentes sus condiciones

☐ Elaborar la lista del material que falta

☐ Comprobar la conexión a internet

☐ Reservar el servicio de cáterin

☐ Redactar el cuestionario de evaluación

☐ Reservar un restaurante para una salida

## El día D

☐ Controlar el material

☐ Preparar un brindis de bienvenida

☐ Colocar la programación a la vista de todo el mundo

☐ Ir a buscar a algunos expertos al aeropuerto

# Ejemplo de lista de tareas

## La preparación del taller

- ☐ Fijar los objetivos
- ☐ Encontrar un título llamativo
- ☐ Definir un público meta
- ☐ Seleccionar a los expertos
- ☐ Enviar las invitaciones
- ☐ Elegir la fecha
- ☐ Reservar el lugar
- ☐ Establecer la programación
- ☐ Lanzar la publicidad en la página web de la empresa

| Tareas que llevar a cabo | ¿Quién debe llevarlas a cabo? | Fecha límite |
|---|---|---|
| Reservar los transportes | | |
| Reservar los hoteles | | |
| Elaborar la programación | | |
| Imprimir el programa | | |
| Organizar las salidas y/o los restaurantes | | |
| Preparar el material | | |
| Preparar las facturas | | |
| Enviar los cuestionarios de evaluación | | |
| Establecer el balance y elaborar las cuentas | | |
| Examinar las fichas de evaluación | | |
| Redactar un informe | | |
| Etc. | | |

# ENSAYO GENERAL

Unos días antes del evento, acude al lugar del taller (si es físicamente posible) y anticipa cada gesto. ¿Dónde vas a organizar la acogida? ¿Dónde estará situada tu mesa? Prepara tu discurso de bienvenida y repítelo en voz alta delante de tu asistente o de tu compañero, si es posible. Realiza pruebas con la disposición de la sala y mira dónde colgarás la programación. Estos gestos te ayudarán a evaluar lo que has olvidado y lo que te queda por hacer antes del día señalado.

# PARA IR MÁS ALLÁ

## FUENTES BIBLIOGRÁFICAS


- Association Rencontres Ludiques. s.f. "Les techniques d'animation". *Asso-Alpe.* Consultado el 25 de septiembre de 2017. http://www.asso-alpe. fr/fichiers/martial/pagejoueraquoi/techniquesani-mation.pdf

- Finot, Jean-François. 2009. "Organiser un workshop, les règles d'or". *Neoxia.* 17 de abril. Consultado el 25 de septiem-bre de 2017. http://blog.neoxia.com/ organiser-un-workshop-les-regles-dor/

- Gedalge, Pierre. 2014. "Qu'est-ce qui rend un groupe efficace". *Harvard Business Review France.* 3 de diciembre. Consultado el 25 de septiembre de 2017. http://www.hbrfrance.fr/chroniques-ex-perts/2014/12/5314-quest-ce-qui-rend-un-groupe-efficace/

- Macanufo, James, Sunni Brown y Dave Gray. 2010. *Gamestorming: a Playbook for Innovators, Rulebreakers, and Changemakers.* Nueva York: O'Reilly.

- Manager Go! 2013. "Conduire un workshop". *Manager Go!* 17 de septiembre. Consultado el 25 de septiembre de 2017. https://www.manager-go.

com/gestion-de-projet/dossiers-methodes/
conduire-un-workshop

- ASIT, "Méthode de créativité ASIT". Consultado el 25 de septiembre de 2017. http://www.asit.info/

- Metiu, Anca y Nancy P. Rothbard. 2012. "Task Bubbles, Artifacts, Shared Emotion, and Mutual Focus of Attention: A Comparative Study of The Microprocesses of Group Engagement". *Organization Science.* 3 de abril. Consultado el 25 de septiembre de 2017. http://pubsonline.informs.org/doi/10.1287/orsc.1120.0738

- Pacaud, Thierry. s.f. "Conseils pour organiser un séminaire ou un workshop idéal". *Team4Development.* Consultado el 25 de septiembre de 2017. http://www.team4development.fr/conseils-pour-organiser-un-seminaire-ou-un-workshop-ideal/

- Santrot, Florence. 2005. "Dix règles d'or pour organiser un événement professionnel". *Journal du Net.* 9 de noviembre. Consultado el 25 de septiembre de 2017. http://www.journaldunet.com/management/0511/0511109evenementiel.shtml


## FUENTES COMPLEMENTARIAS

- Reynolds, Garr. 2014. *Présentation zen. Pour des présentations plus simples, claires et percutantes.* París: Pearson.

50MINUTOS.es
Historia
Economía y empresa
Coaching
Book Review
Salud y bienestar
Arte y literatura
EL DIAGRAMA DE ISHIKAWA
LA GUERRA DE PALESTINA DE 1948
DOMINA EL ARTE DEL NETWORKING
¡APRENDER NUNCA ANTES FUE TAN RÁPIDO!
www.50minutos.es